À plus !
Nouvelle édition

2

Mein Wortschatztrainer

Wortschatz lernen nach Themen und im Kontext

Vokabeltrainer-App

Verfügbar für: iOS, Android und Windows Phone

À plus! 2 *Nouvelle édition*
Mein Wortschatztrainer

Im Auftrag des Verlages erarbeitet von:
Walpurga Herzog

und der Redaktion Französisch
Fidisoa R.-Freytag

Umschlaggestaltung: werkstatt für gebrauchsgrafik, Berlin
Layout und technische Umsetzung: graphitecture book & edition
Illustrationen: Yayo Kawamura, Laurent Lalo

www.cornelsen.de

1. Auflage, 5. Druck 2022

Alle Drucke dieser Auflage sind inhaltlich unverändert
und können im Unterricht nebeneinander verwendet werden.

© 2016 Cornelsen Schulverlag GmbH, Berlin
© 2018 Cornelsen Verlag GmbH, Berlin

Druck: Athesiadruck GmbH

ISBN 978-3-06-121811-9

PEFC zertifiziert
Dieses Produkt stammt aus nachhaltig
bewirtschafteten Wäldern und kontrollierten
Quellen.
PEFC
PEFC/18-31-166
www.pefc.de

Vocabulaire thématique

Les mots pour le dire

Mots en contexte

Salut! Wie bei *À plus!* 1 kannst du mit deinem **Wortschatztrainer**
– nach und nach Wortschatz und wichtige Redewendungen
sammeln
– und außerdem überprüfen, was du schon kannst.

Vocabulaire thématique

>>> In diesem Kapitel sammelst du den Wortschatz, der zu einem bestimmten Thema
passt. Erst schreibst du die einzelnen Vokabeln auf. Dann übst du ihre Verwendung in
einem Lückentext.
Außerdem findest du hier Platz für deinen persönlichen Wortschatz. In deinem Text
fehlt dir zum Beispiel das französische Wort für „Konzert": Du schlägst es nach und
trägst es hier ein.
Die Themen in diesem Kapitel sind nach den Unités von *À plus!* 2 sortiert.

Les mots pour le dire

>>> Hier überprüfst du, ob du die Redemittel, die du in *À plus!* 2 gelernt hast und für
Rollenspiele benötigst, gut beherrschst. Wenn du dir bei den französischen Sätzen
nicht sicher bist, kannst du in deinem Vokabeltaschenbuch auf S. 86–94 nachschauen.

Mots en contexte

>>> Hier übst du Vokabeln im Satzzusammenhang. Immer wenn du eine *Unité* im Buch
abgeschlossen hast, füllst du die passenden Seiten in deinem Wortschatztrainer aus.
Mit Hilfe der rechten Spalte der Vokabelliste von *À plus!* 2 (S. 174–207) überprüfst du
deine Ergebnisse.

Am Ende des Schuljahres hast du ein Nachschlagewerk, an dem du selbst
mitgearbeitet hast. Du trennst die Seiten deines Wortschatztrainers heraus und
heftest sie ab. So kannst du auch im nächsten Schuljahr immer hier nachschlagen,
wenn du mal etwas vergessen hast.

Alles klar? Dann können wir ja loslegen.
Viel Spaß mit deinem Wortschatztrainer!
Alle **Lösungen** findest du auf
www.cornelsen.de.
Gib folgenden Webcode ein: **APLUS-2-LTB**.

Vocabulaire thématique

Mes activités préférées en ville [Unité 1]

>>> Schreibe die französischen Übersetzungen der Wörter und Ausdrücke auf.

1. die Stadt = ...

2. das Einkaufszentrum = ...

3. das Schwimmbad = ...

4. der Einkaufsbummel = ...

5. das Schwimmen = ...

6. der Platz = ...

7. (seine Freunde) treffen = ...

8. die Fußgängerzone = ...

9. die Terrasse = ...

10. das Kino = ...

11. die Ausstellung = ...

12. das Stadion = ...

13. Fußball spielen = ...

14. das Aquarium = ...

15. das Planetarium = ...

16. der Stern = ...

17. die Altstadt = ...

>>> Nathalie erzählt, was man in ihrer Stadt machen kann. Vervollständige den Text. Die Zahlen in Klammern geben dir Hinweise.

Nathalie raconte: voilà ma .... [1]. Il y a un ....

.... [2] et une .... [3]. J'adore .... [4]

et .... [5]. Après l'école, mon frère et moi, nous passons souvent par la

.... [8] pour .... [7] sur la

.... [6]. Nous aimons aussi aller à .... [14] et au

.... [15]. Là, on peut observer les .... [16]. Mon frère

passe son temps libre au .... [12]. Il adore .... [13].

Le week-end, je vais parfois au .... [10] avec mon amie ou je vais regarder

une .... [11]. J'aime vivre en ville. Et toi? Qu'est-ce que tu aimes dans ta ville?

Mon vocabulaire personnel

>>> Was gibt es in deiner Stadt, was sie so besonders macht? Welche Wörter brauchst du noch, um sie zu beschreiben? Suche sie in einem (Online-)Wörterbuch und schreibe diese hier auf.

mein Dorf .... = mon village ....   der Bahnhof .... = la gare ....

der See .... = le lac ....   das Festival .... = le festival ....

.... = ...

.... = ...

.... = ...

.... = ... = ...

>>> Stelle nun deine Stadt vor. Schreibe den Text auf ein Blatt, das du dann abheften kannst.

Ma ville

Ma dernière aventure [Unité 2]

>>> Schreibe die französischen Übersetzungen der Wörter und Ausdrücke auf.

1. die Verabredung = ...

2. das Sandwich = ...

3. die Tasche = ...

4. zwölf Uhr mittags = ...

5. etw. vergessen = ...

6. das Picknick = ...

7. am Ufer von = ...

8. das Feld = ...

9. der Stier = ...

10. jdn/etw. fotografieren = ...

11. direkt auf jdn zukommen = ...

12. Angst haben = ...

13. die Beine in die Hand nehmen = ...

14. das Abenteuer = ...

15. hinfallen = ...

16. gestern = ...

17. blöd = ...

18. plötzlich = ...

19. etw. aufräumen = ...

20. das Fahrrad = ...

>>> Chloé erzählt ihr letztes Abenteuer, das sie mit ihren Freunden erlebt hat. Die Zahlen in Klammern geben dir Hinweise über ihre Geschichte. Vervollständige den Text. Pass auf! Die meisten Verben sind im *passé composé*.

.... [16], Laure, Malik et moi avons voulu faire un .... [6]

.... [7] la mer. Nous avons eu .... [1] chez moi à dix

heures pour préparer les .... [2]. Laure a apporté des jus de fruits, mais

Malik .... [5] les biscuits. À .... [12], nous sommes

partis avec notre .... [3] et nos .... [21].

Pour rentrer à la maison, nous sommes passés par un .... [8].

.... [18], nous avons vu un .... [9]. Et Laure a eu une

idée .... [17]: elle a voulu le .... [10]! Alors elle est allée

vers l'animal, mais il n'a pas aimé ... et il est .... [11] Laure.

C'était l'horreur! Là, elle a .... [12], alors elle a ....

.... [13] mais elle n'est pas .... [15]. Quelle chance!

Mon vocabulaire personnel

Erzähle nun, was du in deinem letzten Abenteuer erlebt hast. Du kannst selbstverständlich auch eine Geschichte erfinden.

....

....

....

....

....

....

....

....

Vocabulaire thématique

Je donne mon avis [Unité 3]

>>> Schreibe die französischen Übersetzungen der Wörter und Ausdrücke auf.

1. Hip-Hop = ...   2. R & B = ...   3. Elektro = ...

Léo   4. finden, dass etwas cool ist = ...

5. nach etwas süchtig sein = ...

6. Die Musik, das ist am wichtigsten. = ...

7. Das gefällt mir. = ...

Marie   8. furchtbar sein = ...   9. übertreiben = ...

Luc   10. Es ist (mein) Lieblingsschauspieler. = ...

11. das Idol = ...   12. die Stimme = ...

13. meiner Meinung nach = ...   14. denken, dass = ...

15. der Rhythmus = ...   16. sagen, dass = ...

17. die Umfrage = ...

Léo gibt seine Meinung über seine Musikrichtung. Vervollständige den Text mit den passenden Wörtern oder Ausdrücken. Die Zahlen in Klammern geben dir Hinweise.

Moi, je .... [5] au .... [1].

Je .... [4]. Ce .... [15] est génial pour danser.

Pour moi, ... [6].

Pour Marie, ... [3], c' .... [8].

Elle .... [16] on ne peut pas danser sur cette musique.

.... [13], elle .... [9] un peu.

Luc .... [14] le cinéma, c'est plus important que la musique. Un jour,

il a fait une .... [17] sur son acteur préféré, Robert Pattinson. C'est son

.... [11]. Il adore sa .... [12], son style et

tous ses films, bien sûr.

Mon vocabulaire personnel

Welche Musikrichtungen magst du gerne? Und welche magst du nicht so gerne? Versuche zu argumentieren. Du kannst auch einen Sänger / eine Sängerin deiner Wahl oder deine Lieblingsband vorstellen. Schreib auch etwas über den Look deines Idols.

Je trouve que/qu' .... parce que/qu' ....

....

Ce n'est pas mon truc .... parce que/qu' ....

....

Mon chanteur / Ma chanteuse / Mon groupe préféré, c'est ....

....

....

....

....

Vocabulaire thématique

Mon look, ma mode et mes couleurs préférées [Unité 3]

>>> Schreibe die französischen Übersetzungen der Wörter und Ausdrücke auf.

1. die hässliche Kleidung = ...

2. die schwarze Hose = ...   3. das graue T-Shirt = ...

4. coole Kleidung tragen = ...

5. der rote Pulli = ...   6. das grüne Hemd = ...

7. der weiße Glücksbringer = ...

8. die roten Turnschuhe = ...

9. das blaue Kleid = ...   10. die Marke = ...

11. etw. anziehen = ...   12. die Farben = ...

13. der Look = ...   14. etw. anprobieren = ...

15. die Mode = ...   16. die Sachen = ...

17. etw. ausgeben = ...

>>> Selma erzählt über ihren Look und sagt, was sie gerne anzieht. Vervollständige den Text. Die Zahlen in Klammern geben dir Hinweise.

Moi, je n'aime pas faire du shopping avec ma mère parce qu'elle aime les ....

.... [1]. Elle ne veut pas .... [17] de l'argent pour des

.... [16] de .... [10]. Ma mère porte souvent un

.... [2] et un .... [3]. Ce n'est pas mon

truc. Je veux être à la .... [15] et .... [4].

Moi, je .... [11] souvent ma .... [9]. J'aime

porter aussi un .... [5] ou une .... [6]

avec mon .... [7]. Mes .... [8]

vont très bien avec ça. J'adore aussi mon .... [13] avec un tas de

.... [12]. Mes copines sont comme moi. On adore notre style. On

aime faire du shopping ensemble et .... [14], mais on n'achète pas

souvent. C'est trop cher!

Mon vocabulaire personnel

>>> Was trägst du gerne? Was ist dein Look? Stelle deinen Stil/Look vor. Falls du Wörter brauchst, um zu sagen, was du gerne oder nicht gerne anziehst, findest du eine Liste mit weiteren Begriffen über das Outfit in der ▶ *Banque de mots* im Schülerbuch, S. 172. Du kannst auch in einem (Online-)Wörterbuch nachschauen.

das schöne schwarze Kleid .... = la belle robe noire ....

.... = ...

.... = ...

.... = ...

.... = ...

.... = ...

>>> Stelle nun deinen Lieblingsstil anhand einer Collage vor. Präsentiere deine Collage auf einem Extrablatt und beschreibe jedes Kleidungsstück und dessen Farbe daneben.

Vocabulaire thématique

On prépare une fête [Unité 4]

>>> Schreibe die französischen Übersetzungen der Wörter und Ausdrücke auf.

1. die Feier = ...

2. die Cola = ...

3. die Einkaufsliste = ...

4. jdn zu etw. einladen = ...

5. die Getränke = ...

6. die Gerichte = ...

7. die Nachspeisen = ...

8. das Buffet aufbauen = ...

9. singen = ...

10. tanzen = ...

11. essen = ...

12. Chips = ...

13. die Wurstwaren = ...

14. der Käse = ...

15. Klavier spielen = ...

16. die Fruchtsäfte = ...

17. der Milchreiskuchen = ...

18. die Spezialität = ...

19. man braucht = ...

>>> Marie und ihre Freunde bereiten eine Feier vor. Vervollständige den Text. Die Zahlen in Klammern geben dir Hinweise.

Préparer une .... [1], oui. Mais il faut avoir de la place et c'est beaucoup de

travail! On doit faire une .... [3], et ensuite aller au supermarché. Il faut

.... [4] la famille ou les amis. On doit préparer les .... [5]

comme par exemple le .... [2] et les .... [16]. On doit

aussi .... [8] avec les .... [6] et les

.... [7]. Aujourd'hui, je vais préparer un .... [17].

C'est une .... [18] belge. Pour la fête, ... [19] aussi de

la .... [13], du .... [14] et bien sûr, des

.... [12]. Avec mes amis et toute ma famille, on .... [9]

des chansons, on .... [15] et on .... [10] aussi.

Tous ensemble, on .... [11] et on rigole beaucoup.

Mon vocabulaire personnel

>>> Erzähle, welche Feier für dich wichtig ist und warum. Falls du Wörter brauchst, kannst du in einem (Online-)Wörterbuch nachschauen. Schreibe sie hier auf.

Weihnachten .... = Noël ....

.... = ...

.... = ...

.... = ...

>>> Beschreibe nun, wie du mit deiner Familie oder deinen Freunden feierst.

....

....

....

....

Vocabulaire thématique

>>> Schreibe die französischen Übersetzungen der Wörter und Ausdrücke auf.

1. der Plan = ... 2. jdm etw. zeigen = ...

3. fragen, ob = ... 4. die Kreuzung = ...

5. nach rechts abbiegen = ...

6. der Bahnhof = ... 7. die Ampel = ...

8. geradeaus = ... 9. die erste Straße = ...

10. links = ... 11. gegenüber von = ...

12. das GPS = ... 13. noch einmal fragen = ...

14. die Brücke = ... 15. überqueren = ...

16. die Jugendherberge = ...

17. Ihr seid da. = ... 18. das Netz = ...

>>> Louis und seine Eltern suchen den Campingplatz. Louis fragt eine Frau nach dem Weg. Vervollständige den Dialog. Die Zahlen in Klammern geben dir Hinweise.

Louis est en vacances avec ses parents près de Montpellier. Ils cherchent le camping:

Louis (à ses parents): Je vais .... [3] quelqu'un connaît le

chemin pour aller au camping.

Louis: Pardon, Madame! Notre .... [12] est cassé[1] et notre .... [1]

est nul. Mes parents et moi ne trouvons pas le chemin pour aller au camping.

La dame: C'est facile! Vous .... [15] le .... [4]. Là, vous

continuez .... [8].

Louis: C'est loin?

La dame: Non, pas en voiture. Après, vous arrivez à un .... [7], vous

.... [5] jusqu'au .... [14]. Là, il y a une

.... [6]. Vous prenez ensuite la .... [9]

.... [10]. Et voilà, ... [17]. Le camping

est là, ... [11] l' .... [16].

Louis: Merci, Madame.

1 cassé/e *adj.*: kaputt

Mon vocabulaire personnel

>>> Nun beschreibe den Weg vom Bahnhof zur Schule und von der Schule nach Hause. Suche zuerst nach Vokabular. Du kannst gerne deine Wegbeschreibung mit einer Skizze ergänzen und sie dazu abheften.

....

....

....

....

....

....

....

Vocabulaire thématique

Un match de foot [Unité 4]

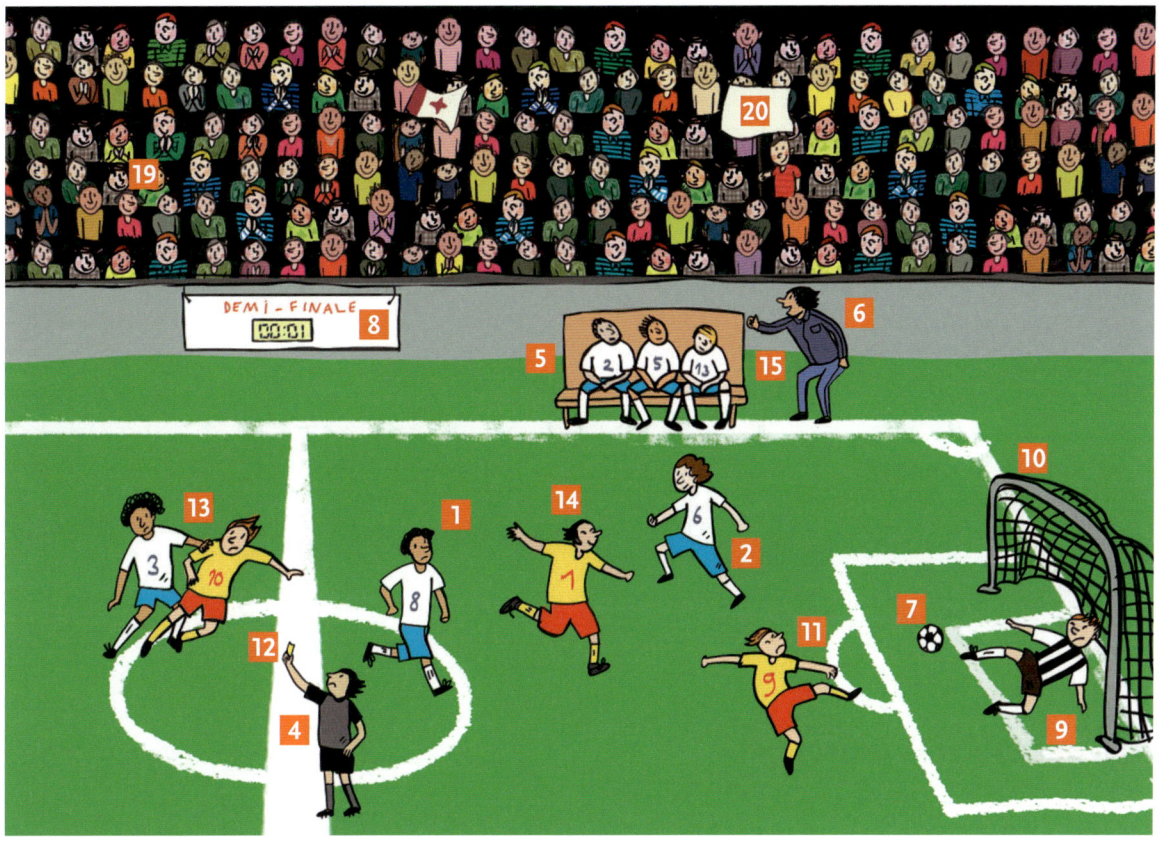

>>> Schreibe die französischen Übersetzungen der Wörter und Ausdrücke auf.

1. der Spieler / die Spielerin = ...

2. der Abwehrspieler = ... 3. der Angriffsspieler = ...

4. der Schiedsrichter = ... 5. die Mannschaft = ...

6. der Trainer = ... 7. der Ball = ...

8. der Spielstand = ... 9. der Torwart = ...

10. das Tor = ... 11. ein Tor schießen = ...

12. die gelbe Karte = ... 13. der Fehler, das Foul = ...

14. gewinnen = ... 15. ermutigen = ...

16. handeln = ... 17. reagieren = ...

18. kämpfen = ... 19. applaudieren = ...

20. toll = ...

17

>>> Marc erzählt seinem Freund Lucas von einem Fußballspiel, das er am Wochenende gesehen hat. Vervollständige den Text. Die Zahlen in Klammern geben dir Hinweise. Pass auf! Die Verben sind im *passé composé*.

Lucas, j'ai passé un week-end .... [20]. Mon père et moi, nous sommes

allés voir le match de Marseille contre Dijon dans le stade Vélodrome à Marseille. Mon

.... [5] préférée n'a pas .... [14]. Mais j'ai

.... [15] tous les .... [1] jusqu'au bout.

.... [3] de Dijon qui a .... [11] a été très forte.

Elle a .... [16] toujours très vite! L'.................................... [4] a été super.

Il a tout vu. Il a donné un .... [12] à mon .... [1]

préféré. C'était l'horreur! Mais la .... [2] a .... [18].

À mon avis, tout le monde a bien joué.

Mon vocabulaire personnel

>>> Du möchtest ein Spiel live beschreiben. Welche Wörter brauchst du noch zusätzlich? Suche sie in einem (Online-)Wörterbuch und schreibe sie hier auf.

das Tennisspiel .... = le match de tennis ....

.... = ...

.... = ...

.... = ...

.... = ...

>>> Beschreibe nun ein Spiel, das du gesehen hast. Du kannst selbstverständlich auch ein Spiel erfinden. Schreibe den Text auf ein Blatt, das du dann abheften kannst.

....

....

....

....

Vocabulaire thématique

Les personnalités du collège [Unité 5]

>>> Schreibe die französischen Übersetzungen der Wörter und Ausdrücke auf.

1. die Persönlichkeit = ...

2. der Grobian = ...

3. schüchtern (sein) = ...

4. allein (sein) = ...

5. die Aufsichtsperson = ...

6. der/die Mediator/in = ...

7. der/die Schulbetreuer/in = ...

8. jdn in Ruhe lassen = ...

9. Humor haben = ...

10. der Star = ...

11. das Gesetz = ...

12. der/die Schulleiter/in = ...

13. der Konflikt = ...

14. jdm etw. melden = ...

15. jdm etw. anvertrauen = ...

16. persönlich = ...

17. die Pause = ...

19

>>> Magalie und Ludovic erzählen von den Persönlichkeiten an ihrer Schule. Vervollständige die beiden Texte. Die Zahlen in Klammern geben dir Hinweise.

Pendant la .... [17] de 10 heures, on retrouve toutes les

.... [1] du collège. D'abord, il y a Hugo. Lui, c'est plutôt

une .... [2] qui veut faire la .... [11]. Il aime

énerver les petits. Par exemple, hier, il a voulu prendre le casque de Louis qui est en sixième.

Louis est un garçon .... [3] qui reste toujours .... [4]

dans la cour. Le .... [5] et la .... [7] ne

laissent pas Hugo .... [8], mais il recommence tout le temps. Dans

mon collège, il y a aussi Antoine qui .... [9]. Avec lui, on rigole bien.

La .... [10] du collège, c'est Clarisse. Elle porte toujours des vêtements

à la mode. C'est quand même une fille sympa et toutes les filles veulent être son amie.

Je voudrais parler de monsieur Ferry qui est notre .... [12].

Quand il y a un .... [13], on peut les .... [14]

à monsieur Ferry, ou à la .... [6], Lucie Dalmais. Elle aussi,

elle est là pour nous aider. Quand les élèves ont des problèmes .... [16], ils

peuvent les .... [15] à madame Dalmais.

Mon vocabulaire personnel

>>> Du möchtest einen Klassenkameraden oder deinen/deine Lieblingslehrer/in beschreiben? Welche Wörter brauchst du noch zusätzlich? Suche sie in einem (Online-)Wörterbuch und schreibe sie hier auf.

die Geduld .... = la patience ....

hilfsbereit .... = serviable ....

.... = ...

>>> Schreibe nun deinen Text über den Klassenkameraden oder deinem/deine Lieblingslehrer/in auf ein Blatt, das du dann abheften kannst.

Vocabulaire thématique

>>> Schreibe die französischen Übersetzungen der Wörter und Ausdrücke auf.

1. jdn angreifen = ...

2. jdn verhauen = ...

3. jdn anfassen = ...

4. jdm Angst machen = ...

5. jdn am Arm festhalten = ...

6. jdm wehtun = ...

7. jdm etw. stehlen = ...

8. weinen = ...

9. unglücklich = ...

10. jdn belästigen = ...

11. jdn trösten = ...

12. die Prügelei = ...

13. zögern = ...

14. jdn verständigen = ...

15. gefährlich = ...

16. Das ist eine Schande! = ...

17. schlecht ausgehen = ...

18. Zu Hilfe! = ...

19. Aua! = ...

20. die Gewalt = ...

21. der Zeuge/die Zeugin = ...

22. Ich gehe hin! = ...

>>> Noémie wurde Zeugin eines Angriffs. Vervollständige den Text. Die Zahlen in Klammern geben dir Hinweise. Pass auf! Die meisten Verben sind im *passé composé*.

Noémie raconte à ses amis: «Hugo et Rémi ont encore .... **[1]** un élève de

sixième. Ils lui ont .... **[6]**. D'abord ils l'ont .... **[5]**.

Le petit a crié: «Ne me .... **[3]** pas» et «...................................» **[19]**

Mais ils ont rigolé et continué. Ils lui ont .... **[4]**. Les deux brutes ont

.... **[10]** ce garçon .... **[9]** pour lui prendre son

portable.

À deux contre un! ....! **[16]** J'ai crié: «Arrêtez»! Quand je suis arrivée, ils

sont partis. Le petit a .... **[8]** et je l'ai .... **[11]**.

Maintenant je n'............................. **[13]** plus. Je vais .... **[14]**

notre CPE quand il y a une .... **[12]**.»

Mon vocabulaire personnel

>>> Du möchtest einem Freund / einer Freundin über eine ähnliche Situation berichten? Welche Wörter brauchst du noch zusätzlich? Suche sie in einem (Online-)Wörterbuch und schreibe sie hier auf.

brutal .... = brutal/e ....

.... = ...

.... = ...

.... = ...

>>> Et toi? Est-ce que tu as été victime d'une agression ou tu as été témoin d'une scène d'agression? Raconte ton expérience. Tu peux aussi inventer une histoire.

....

....

....

....

....

Vocabulaire thématique

Ma région [Unité 6]

>>> Schreibe die französischen Übersetzungen der Wörter und Ausdrücke auf.

1. die Hauptstadt = ...

2. die Einwohner = ...

3. die Landschaft = ...

4. das Denkmal = ...

5. römisch = ...

6. die Stadtmauer = ...

7. existieren = ...

8. die Epoche, das Zeitalter = ...

9. Spaß haben = ...

10. die Arena = ...

11. baden = ...

12. das Konzert = ...

13. sich befinden = ...

14. spazieren gehen = ...

15. die Festung = ...

16. Europa = ...

17. tausend = ...

18. sich treffen = ...

19. der Kilometer = ...

20. der Badeort = ...

>>> Clément spricht über seine Gegend. Vervollständige den Text. Die Zahlen in Klammern geben dir Hinweise.

Dans ma région, il y a tout. J'habite dans une petite ville qui a 130 .... [17]

.... [2]. Ma ville .... [7] depuis l'.................................... [8]

.... [5]. On peut encore voir les .... [6]. Là, les gens

aiment .... [14] quand il fait beau.

On peut visiter quelques petites .... [15] qui ne sont pas loin. Il y a aussi

d'autres .... [4] que les touristes aiment photographier. Je trouve que le

.... [3] de ma région est magnifique. Il y a des montagnes et un lac, alors on

peut .... [11] et faire des balades en bateau. Ma ville .... [13]

à 80 .... [19] de Munich qui est la .... [1] de la

Bavière[1], au centre de l'.................................... [16].   1 la Bavière Bayern

Mon vocabulaire personnel

>>> Du möchtest deine Gegend beschreiben? Welche Wörter brauchst du noch zusätzlich? Suche sie in einem (Online-)Wörterbuch und schreibe sie hier auf.

Mountainbike fahren .... = faire du VTT ....

.... = ...

.... = ...

>>> Écris un mail où tu présentes ta région à ton/ta correspondant/e français/e.

Von:		Anlagen:	
An:			
Betreff:		Priorität: normal ▾	senden

24

Les mots pour le dire

>>> Auf den folgenden Seiten kannst du die wichtigsten Redemittel der einzelnen Unités deines Lehrbuches wiederholen und sammeln. Fülle die Leerzeilen aus und überprüfe deine Lösungen. Gehe dazu auf www.cornelsen.de/webcodes und gib folgenden Webcode ein: APLUS-2-LTB.

Sich vorstellen

Über sich sprechen

[Unité 1]

.... = Ich heiße (Marie).

.... = Ich bin 13 Jahre alt.

Je viens de (Kiel). = ...

.... = Ich bin in (Kiel) geboren.

J'habite à (Ulm) depuis trois ans. = ...

.... = Meine Eltern kommen von hier.

Ma mère est prof. = ...

.... = Mein Vater arbeitet in einer Buchandlung.

Mon sport préféré, c'est la (natation). = ...

.... = Ich habe eine Schildkröte.

[Unité 3]

.... = Ich bin eher (ruhig).

[Unité 5]

Je suis (un peu timide). = ...

[Unité 6]

.... = Ich habe (grüne) Augen.

J'ai les cheveux (noirs). = ...

Über seinen Kleidungsstil sprechen

[Unité 3]

.... = Welchen Look magst du?

Mon look est sportif. .... = ...

.... = Ich bin modesüchtig.

La mode est très importante pour moi. .... = ...

.... = Ich habe lieber meinen Stil.

J'adore mettre (des pantalons noirs). .... = ...

.... = T-shirts und Jeans sind die Kleidungstücke,

.... = die ich bevorzuge.

Je porte souvent des baskets de marque. .... = ...

.... = Ich achte nicht auf Marken.

Mes affaires sont aussi jolies que les trucs ..... = ...

de marque. ....

.... = Ich ziehe gerne praktische Kleidung an.

J'achète toujours (des tee-shirts de marque). ... = ...

.... = ...

.... = Dieses Outfit gefällt mir sehr.

Les mots pour le dire

Über Hobbys und Vorlieben sprechen

[Unité 1]

Je joue (du piano). .... = ...

.... = Ich spiele gerne Tischtennis. ....

Je collectionne (les photos d'animaux). .... = ...

.... = Ich bin Fan von (William Accambray). ....

Je voudrais être célèbre comme (ZAZ). .... = ...

....

[Unité 3]

J'aime (les films d'aventure). .... = ...

.... = (Das Schlagzeug), das ist mein Ding. ....

Mon hobby, c'est (la natation). .... = ...

.... = (Donnerstags) spiele ich (Handball) in einem ....

.... Verein. ....

J'adore écouter ma musique avec mon .... = ...

casque. ....

.... = Das gefällt mir, weil ich in meiner Welt bin. ....

....

Je voudrais faire du beach-volley. .... = ...

.... = Ich bin süchtig nach meinem Handy. ....

Pour moi, c'est le plus important. .... = ...

Über seinen Lieblingsort sprechen

[Unité 1]

Le coin que je préfère, c'est (mon quartier). = ...
....

.... = Der (place de la Comédie) ist der ideale Ort,
.... um seine Freunde zu treffen.

Le planétarium est un endroit fantastique = ...
pour les gens qui aiment les étoiles. ....

.... = Ich mag die Stadt mit ihren Cafés und
.... Fußgängerzonen.

J'aime (Montpellier) parce que (la ville se = ...
trouve entre la mer et les montagnes). ....

.... = Das ist eine angesagte Stadt.

J'adore aller à la plage. = ...
.... = Unsere Gegend ist fantastisch.
....

28

Les mots pour le dire

Über sein Idol sprechen

[Unité 3]

Je suis fan de (la chanteuse Tal). .... = ...

.... = Ich finde, dass sie eine schöne Stimme hat. ....

....

Moi, j'écoute (Barrio Populo). .... = ...

.... = Diese Band hat unglaubliche Rhythmen. ....

....

J'aime le nouvel album de (Nolwenn Leroy). ...... = ...

.... = ...

.... = (Omar Sy) ist ein genialer Schauspieler. ....

Il a joué dans beaucoup de films. .... = ...

.... = ...

(ZAZ), c'est la meilleure. .... = ...

[Unité 4]

.... = Sie hat alle Medaillen gewonnen. ....

[Unité 6]

.... = (William Accambray) ist ein Handballchampion. ...

C'est un des meilleurs sportifs de France. .... = ...

Seine Meinung äußern

Mit anderen sprechen

[Unité 1]

C'est une musique idéale pour danser. = ...

....

[Unité 2]

Ça ne fait rien. = ...

.... = Das nervt mich.

C'est une idée idiote. = ...

.... = Das ist eine unglaubliche Geschichte.

....

C'est la catastrophe. = ...

.... = Das ist fantastisch.

[Unité 3]

Je trouve que ça va trop loin. = ...

.... = Ich denke, dass das die beste Lösung ist.

À mon avis, (ça va marcher). = ...

.... = Für mich ist das am furchtbarsten.

Il ne faut pas exagérer. = ...

.... = Du hast recht.

Ce n'est pas vrai. = ...

.... = Das ist nicht schlimm.

Il faut (parler au prof). = ...

[Unité 5]

.... = Das finde ich mies.

Pour moi, on ne peut pas accepter ça. .... =

.... = Das ist zu gefährlich.

C'est (lâche). .... =

.... = Ihr habt richtig gehandelt.

[Unité 6]

Comment oses-tu faire cela? C'est (honteux). .... =

Ratschläge geben

[Unité 3]

Il ne faut pas baisser les bras. .... =

.... = Man muss Argumente finden.

Tu peux peut-être limiter tes appels. .... =

.... = Sprich noch einmal mit deinen Eltern über

dein Problem.

Bonne chance! .... =

.... = Versuche es!

N'aie pas peur. .... = ...

.... = Bleibe nicht allein. ....

On pourrait aller voir le médiateur? .... = ...

.... = Man greift dich an? Zögere nicht: Rufe um Hilfe.

....

Sois rassuré(e). .... = ...

.... = Du kannst mir alles sagen. ....

Über Vergangenes sprechen

[Unité 2]

Qu'est-ce que tu as fait (hier)? .... = ...

.... = Ich habe ein unglaubliches Ding gemacht. ....

Je n'ai rien fait de spécial. .... = ...

.... = Am Samstag Abend habe ich getanzt. ....

Dimanche, je suis parti(e) faire une balade à   = ...

vélo. ....

.... = Am Nachmittag habe ich ein bisschen ....

.... geschlafen. ....

Tout à coup, j'ai entendu mon frère crier. ...... = ...

.... = Ich habe dann die Beine in die Hand ....

 genommen. ....

Nachfragen und Gesagtes wiedergeben

[Le français en classe]

Pardon? Je n'ai pas compris. .... = ...

.... = Bin ich dran?

On n'entend pas. Est-ce que vous pouvez .... = ...

mettre le son plus fort, s'il vous plaît? ....

.... = Können Sie es bitte noch einmal erklären?

[Unité 4]

(Elle) dit que (vous avez bien joué). .... = ...

....

.... = (Er) fragt, ob (das Schwimmabd sonntags ....

.... geöffnet ist)...

(Il) veut savoir si (tout le monde est là). .... = ...

....

[Unité 6]

Que dites-vous? .... = ...

.... = Worüber sprechen Sie?

Über Essen und Trinken sprechen

[Unité 2]

Qu'est-ce que vous avez apporté pour le pique-nique? = ...

.... = Ich habe Sandwiche vorbereitet.

Il n'y a plus rien! = ...

.... = Ich habe Kekse gekauft.

[Unité 4]

.... = Kennst du (den Milchreiskuchen)?

C'est (une spécialité belge). = ...

.... = Was sollen wir für das Büffet kaufen?

Il faut des boissons. = ...

.... = Es gibt keine Wurst mehr.

On pourrait acheter du fromage aussi. = ...

.... = Kannst du die Gerichte bitte auf den Tisch stellen?

Ça a l'air bon tout ça! = ...

.... = Möchtest du Cola oder Mineralwasser?

....

....

34

Nach dem Weg fragen

Wegbeschreibung

[Unité 4]

● .... = Entschuldigen Sie, wir suchen den Weg zu ....

.... (der Jugendherberge)..

....

S'il vous plaît, quel chemin est-ce qu'il faut = ...

prendre pour aller à la gare? ....

....

.... = Wir finden den Weg zum Dom nicht. Können Sie

.... uns bitte helfen?

● ....

Pardon, monsieur/madame! Je cherche ... = ...

....

[Unité 6]

Où est-ce que la gare se trouve? = ...

....

....

.... = ...

.... = ...

Den Weg beschreiben

[Unité 4]

Vous prenez (la première rue) (à gauche). .... = ...

....

Après (500 mètres), tu tournes à droite. .... = ...

.... = An der (zweiten) Kreuzung biegst du (links) ab.

.... = Bei der Ampel biegen Sie (rechts) ab.

Au bout de la rue, tu tournes (à gauche). .... = ...

....

.... = Du überquerst (zwei Straßen).

.... = Du gehst/fährst immer geradeaus weiter.

....

Il y a (un feu rouge) (en face de l'auberge .... = ...

de jeunesse). ....

.... = Da ist es.

Et voilà (l'auberge de jeunesse). .... = ...

.... = Das ist einfach.

Les mots pour le dire

Über einen Ballspiel sprechen

Ballspiel

[Unité 4]

L'équipe est forte. .... = ...

.... = Die Verteidigung reagiert gut. ....

L'attaque est très rapide. .... = ...

.... = Der Trainer ermutigt seine Spieler. ....

Les joueurs ont lutté jusqu'au bout. ...... = ...

.... = Sie haben oft den Ball behalten. ....

L'arbitre a donné un carton jaune à un joueur. = ...

.... = Die Spieler machen Fehler. ....

Les organisateurs comptent sur le retour ..... = ...

du beau temps. .... = ...

.... = Der Schiedsrichter hat alle Fehler gesehen. ......

.... = ...

Les Français ont perdu en finale contre ..... = ...

l'équipe allemande. .... = ...

.... = Die Begegnung hat in Belgien stattgefunden. ......

.... = ...

Ils vont en demi-finale. = ...

.... = Der Spieler Nr. 7 hat alle Tore geschossen. ....

....

Le jeu n'a pas été facile. = ...

.... = Der Torwart ist toll. ....

© fotolia / Sergey Nivens

Quel score est-ce que (les Allemands) ont fait? = ...

.... = Sie haben das Spiel mit einem Spielstand von ....

.... 2:0 gewonnen. ....

Ils ont perdu treize à vingt. = ...

.... = Das ist das größte Turnier der Welt. ....

La remise des médailles a lieu à 18 heures. = ...

....

.... = Die Fans haben lange ihrer Mannschaft ....

.... applaudiert. ....

Après un match gagné, c'est toujours la fête = ...

dans les vestiaires. ....

.... = ...

.... = ...

Eine Region vorstellen

© fotolia / fovivafoto

[Unité 1]

C'est une région magnifique. = ...

.... = Das ist ein sehr touristischer Ort.

Montpellier se trouve entre la mer = ...

Méditerranée et les Cévennes. ....

.... = Die Strände von Carnon und Palavas-les-Flots

.... ziehen viele Leute an.

En été, il y a beaucoup de festivals de danse = ...

et de musique. ....

[Unité 6]

.... = Die Hauptstadt der Gegend ist (Montpellier).

La ville de (Montpellier) compte (255 000) = ...

habitants. ....

.... = Es ist eine Stadt der Traditionen.

Le pont du Gard est le monument le plus = ...

célèbre de la région. ....

.... = (Montpellier) zieht (15 Millionen) Touristen pro

.... (Jahr) an.

C'est (la station balnéaire la plus célèbre). = ...

.... = In der Ecke gibt es mehrere Bauwerke aus dem

.... römischen Zeitalter.

Des concerts ont lieu dans les arènes de = ...

Nîmes. ....

.... = Die Gegend ist für ihre Badeorte bekannt.

Pour se baigner, l'endroit est idéal. = ...

.... = Der „Canal du Midi" ist einer der schönsten

.... Touristenwege Frankreichs.

Venez voir les différents visages de la = ...

Camargue. ....

.... = Man nennt sie die Gegend der 1000 Seen.

On peut se promener dans des paysages = ...

magnifiques. ....

Mots en contexte

>>> Formuliere die französischen Sätze und schreibe sie auf. Die Lösungen findest du auf www.cornelsen.de/webcodes. Gib folgenden Webcode ein: APLUS-2-LTB.

Lisa et ses copains [Unité 1, Volet 1]

Unité 1

1. Du sagst, dass du Flöte spielst.

....

2. Du sagst, dass man in einem Chor singt.

....

....

3. Du sagst, dass Bilal Tischtennis spielt.

....

4. Du sagst, dass Bilal zwölfeinhalb ist.

....

5. Du sagst, dass er am Meeresufer wohnt.

....

....

6. Du sagst, dass Ferienhefte Hausaufgaben für die Ferien sind, aber dass es nett ist.

....

....

7. Du sagst, dass Lisa am 21. Juni geboren ist.

....

8. Du sagst, dass Lisa seit drei Jahren in den Schwimmverein geht.

....

....

Pourquoi on aime Montpellier [Unité 1, Volet 2]

1. Du sagst, dass der Tag der offenen Tür der Schule viele Leute anzieht.

....

....

2. Du sagst, dass es in deiner Nähe eine angesagte Obstsaftbar gibt.

....

....

3. Du sagst, dass das Restaurant günstige und sehr gute Gerichte anbietet.

....

....

4. Du fragst, was für Ausstellungen es zur Zeit gibt.

....

....

5. Du sagst, dass man nachts die Sterne anschauen kann.

....

....

6. Du sagst, dass bei schönem Wetter die Terrassen der Cafés geöffnet sind.

....

....

7. Du sagst, dass der Sommer ideal ist, um Montpellier zu besichtigen.

....

....

8. Du sagst, dass deine Klasse zum Wandern in die Cevennen gefahren ist.

....

....

Le français en classe

▶ S. 26/27

1. Du sagst, dass der Lehrer die Tests korrigiert.

....

2. Du sagst, dass der Lehrer die Übung erklärt.

....

3. Du fragst, was ihr jetzt machen sollt.

....

4. Du sagst, dass ihr in fünf Minuten anfangt.

....

5. Du sagst, dass du Französisch lernst.

....

6. Du fragst jemanden, auf welcher Seite etwas steht.

....

7. Du sagst, dass es auf Seite 25 steht.

....

8. Du sagst, dass du noch nicht fertig bist.

....

9. Jemand fragt dich, wer dran ist.

....

10. Du sagst, dass du dran bist.

....

Mots en contexte

Zoé dessine des bédés [Unité 2, Volet 1]

Unité 2

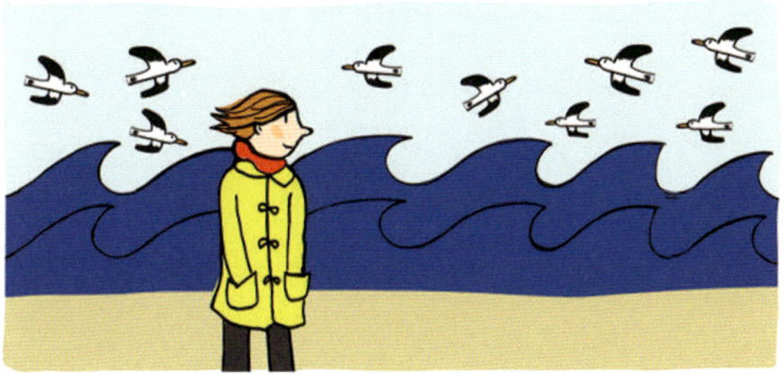

1. Du fragst jemanden, ob er/sie morgen frei ist.

2. Du sagst, dass du zuerst deine Hausaufgaben beendest.

3. Du sagst, dass du danach ausgehen kannst.

4. Du fragst, wer die Sandwiche für das Picknick macht.

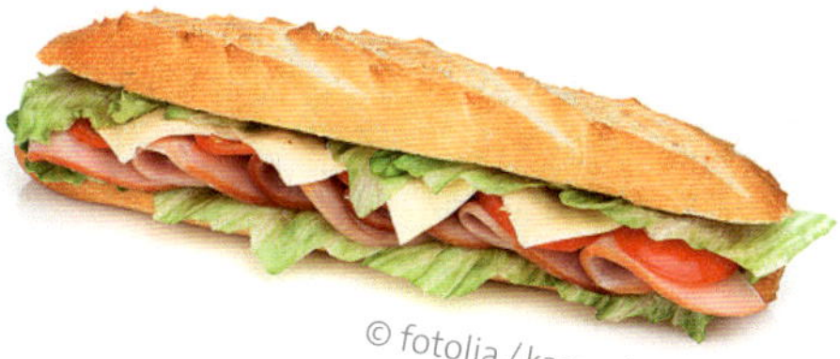

© fotolia / karandaev

5. Du sagst, dass belegte Brote praktisch sind und dass man sie überall essen kann.

6. Du bittest deine Schwester / deinen Bruder hinunterzugehen und die Tür zu öffnen, du hast deinen Schlüssel vergessen.

7. Du sagst, dass du dein Übungsheft zu Hause vergessen hast.

8. Du sagst, dass du in Englisch nichts verstehst und dass das schrecklich ist.

9. Du sagst, dass der Lehrer das Klassenzimmer betritt.

Le journal de Lisa [Unité 2, Volet 2]

1. Euer Lehrer fordert euch auf, eure Sachen aufzuräumen.

....

2. Du sagst, dass es spät ist und dass du nach Hause gehen musst.

....

....

3. Du sagst, dass Zoé und Lisa gestern ins Kino gegangen sind.

....

....

4. Du sagst, dass Karim sich gestern mit seiner Freundin getroffen hat.

....

....

5. Du sagst, dass Lisa heute nicht in die Schule gekommen ist.

....

....

6. Du sagst, dass Zitronen viel Vitamin C haben.

....

....

7. Du sagst, dass du sonntags bis 10 Uhr schläfst.

....

....

8. Du sagst, dass Nathan nicht viel geschlafen hat und deshalb im Unterricht müde ist.

....

....

Une aventure incroyable [Unité 2, Volet 3]

1. Du sagst, dass die Abenteuer von Tintin und Milou berühmte Comics sind.

....

....

2. Dein Lehrer rät dir, in die Camargue zu fahren, um Stiere in der Natur zu sehen.

....

....

....

3. Du sagst, dass im Sommer die Felder wunderschön sind.

....

....

Mots en contexte

4. Du sagst, dass die Kekse aus der Packung gefallen sind und dass der Hund alles gefressen hat.

....

....

5. Du sagst, dass der Hund direkt auf deinen Freund zugekommen ist.

....

....

6. Du entschuldigst dich bei einer Mitschülerin und sagst, dass du nicht aufgepasst hast und fragst, ob sie Lara oder Laura heisst.

....

....

....

7. Du fluchst und sagst, dass ihr die falsche Straßenbahn genommen habt.

....

....

....

8. Du sagst, dass deine Freunde jemanden nach dem Weg zum Bahnhof gefragt haben.

....

....

9. Du sagst zu deinen Mitschülern, dass du nun doch mit ihnen mitkommst, aber nur, weil sie darauf bestehen.

....

....

10. Du sagst, dass du die Beine in die Hand genommen hast, als du den Hund direkt auf dich zukommen gesehen hast.

....

....

Test: Tu es pratique, calme ou branché/e [Unité 3, Volet 1]

Unité 3

1. Du sagst, dass nachts die Straßen sehr ruhig sind.

....

....

© Shutterstock / S1001

2. Du sagst, dass Zoé Zeitschriften über die Natur und Tiere mag.

....

....

3. Du sagst, dass SMS eine praktische Sache sind. Du fügst hinzu, dass es aber nicht immer ideal ist.

....

....

4. Du fragst einen Freund / eine Freundin, welchen Wochentag er/sie bevorzugt.

....

....

5. Du sagst, dass du blaue Schiffe im roten Meer gezeichnet hast.

....

....

6. Du fragst einen Freund / eine Freundin, wie sein/ihr Lieblingsschauspieler heißt.

....

....

7. Du sagst, dass Bilal und sein Bruder Sportler sind.

....

....

8. Du sagst, dass die CD von ZAZ elf Musiktitel hat.

....

....

9. Du sagst, dass Enzo gerne rote Hemden trägt.

....

....

10. Du sagst, dass alle einverstanden sind damit, dass Jeans super praktisch sind.

....

....

11. Du sagst, dass zehn T-shirts und ein Hemd in Nathans Schrank sind.

....

....

12. Du sagst, dass es bei deinen Großeltern viele Gegenstände gibt.

....

....

13. Du sagst, dass Bilal in Physik sehr gute Ergebnisse hat.

....

....

Mots en contexte

Enquête: C'est mon style [Unité 3, Volet 2]

1. Du sagst, dass du Paris liebst, weil man unglaubliche Outfits auf der Straße sieht.

   ....

   ....

2. Du sagst, dass für viele Eltern die Noten in der Schule sehr wichtig sind.

   ....

   ....

3. Du sagst, dass Zoé zum Schulanfang in der 5. Klasse einen neuen Computer bekommen hat.

   ....

   ....

4. Du sagst, dass die neue Schülerin in der 5B Emma heißt.

   ....

   ....

5. Du sagst, dass Isabelle süchtig nach Schokolade ist.

   ....

   ....

6. Du sagst, dass es heute Abend einen sehr guten Film im Fernsehen gibt.

   ....

   ....

7. Du sagst, dass Montpellier eine schöne Stadt ist.

   ....

8. Du sagst, dass die Gitarre ein schönes Instrument ist.

   ....

9. Du sagst, dass dein Kaninchen grünen Salat sehr gerne mag.

   ....

   ....

10. Du sagst, dass Chloé nicht so gern Kleider mag und dass sie Jeans bevorzugt.

    ....

    ....

11. Du fragst einen Freund / eine Freundin, wie viel er/sie für sein/ihr Handy ausgibt.

    ....

    ....

12. Du sagst, dass Mehdi genauso sportlich ist wie sein Bruder.

    ....

    ....

13. Du sagst, dass der Film weniger interessant ist als das Buch.

....

....

14. Du sagst, dass das Buch interessanter ist als der Film.

....

....

Il ne faut pas exagérer [Unité 3, Volet 3]

1. Du sagst deinem Freund / deiner Freundin, dass er/sie schon wieder zu spät kommt und dass er/sie übertreibt.

....

....

2. Du sagst über einen Mitschüler, dass er gute Ideen hat und dass er außerdem oft recht hat.

....

....

3. Du sagst, dass der Lehrer Jules den Kopfhörer weggenommen hat.

....

....

4. Du sagst, dass Barrio Populo unglaubliche Rhythmen hat.

....

....

5. Du sagst zu einem Freund / einer Freundin, dass du gehen musst, aber dass du ihn/sie zurückrufst, wenn du nach Hause kommst.

....

....

....

6. Du sagst, dass es letzte Woche sehr kalt gewesen ist.

....

....

7. Du sagst, dass das nicht stimmt.

....

8. Du fragst deinen Lehrer, was er gerade sagt und bittest ihn darum, dass er lauter spricht.

....

....

....

9. Du sagst, dass Zoé ihre Zeit damit verbringt, Comics zu zeichnen.

....

....

10. Du fragst deine Freundin, ob sie schon Marie
die Karte geschickt hat.

....

....

11. Du sprichst von deiner Freundin Marie und
sagst, dass sie einen Monat Fernsehverbot hat.

....

....

12. Du sagst, dass Hugo noch einmal mit seinem
Lehrer über seinen Test gesprochen hat.

....

....

13. Du sprichst über ein Festival und sagst, dass es
das beste in der Gegend ist.

....

....

14. Du forderst deine Freunde auf, Argumente für
und gegen das Handy zu finden.

....

....

15. Du sagst, dass Jules seinen Kopfhörer nach
dem Unterricht zurückbekommen hat.

....

....

16. Du sagst, dass du die Zeit, die du vor dem
Fernseher verbringst, beschränken wirst.

....

....

Pour aller à l'auberge de jeunesse, s'il vous plaît? [Unité 4, Volet 1]   Unité 4

1. Du möchtest wissen, wann der Besuch des
Museums stattfindet.

....

....

2. Du sagst, dass deine Freundin an einem
Zeichenwettbewerb teilnimmt.

....

....

3. Du sagst, dass der Trainer vor dem Spiel als
erster im Stadium ankommt.

....

....

4. Du sagst, dass du oft an Camille denkst.

....

....

49

5. Du sagst, dass das Auto abgebogen ist und dass deine Freunde vor sich das Meer gesehen haben.

....

....

6. Du sagst, dass Nathan seine Sportsachen in der Turnhalle liegen gelassen hat.

....

....

7. Du bittest deine Freundin darum, dass sie an der Ampel wartet.

....

....

8. Du sagst, dass die Organisatoren von Paris-Plages zufrieden sind, weil das Wetter schön ist.

....

....

© Shutterstock / Denis Kuvaev

Un match de handball [Unité 4, Volet 2]

1. Du sagst, dass es in einer Handballmannschaft sieben Spieler gibt.

....

....

2. Du sagst, dass die französische Mannschaft zwei gelbe Karten bekommen hat.

....

....

3. Du sagst, dass Arthurs Mannschaft nach 30 Minuten Spielzeit ein Tor geschossen hat.

....

....

4. Du sagst, dass du einen Ferienkurs in Paris gewonnen hast.

....

....

5. Du sagst, dass man kämpfen muss um zu gewinnen.

....

....

© fotolia / carmeta

6. Du fragst, wie Zoés Eltern reagiert haben. Du bekommst zur Antwort „Eher gut".

....

....

7. Du sagst, dass alle den Spielern applaudiert haben.

....

....

8. Du sprichst von einer Mitschülerin und sagst, dass sie in Mathe stark ist.

....

....

9. Du sagst, dass du von der ganzen Mannschaft ein Foto gemacht hast.

....

....

10. Du sagst, dass Philippe vor dem Spiel alle seine Spieler ermutigt hat.

....

....

11. Du sprichst von deinem Klassenlehrer und sagst, dass er allen Eltern seine Telefonnummer gegeben hat.

....

....

12. Du sagst, dass du dein Buch zu Ende gelesen hast und dass es super ist.

....

....

13. Du sagst, dass du Nathan deinen Comic zeigst.

....

....

14. Du sagst, dass euer Lehrer auf euch alle zählt.

....

....

15. Du sagst, dass ihr es geschafft habt.

....

....

On va faire la fête [Unité 4, Volet 3]

© fotolia / Photographe.eu

1. Du sagst, dass die Organisatoren neben der Turnhalle ein Zelt errichtet haben.

....

....

2. Du sagst, dass der Organisator das Buffet aufgebaut hat.

....

....

3. Du sagst, dass es nicht genug Heringe gibt, um das Zelt aufzubauen.

....

....

4. Du fragst, wo du die Bücher hinlegen sollst.

....

....

5. Du sagst, dass die Platten auf dem Küchentisch stehen.

....

....

6. Du sagst, dass du die Familie deines Brieffreunds noch nicht kennst.

....

....

7. Du fragst deinen Brieffreund / deine Brieffreundin, ob er/sie die Spezialitäten seiner/ihrer Gegend kennt.

....

....

....

8. Du sagst, dass dein Handy klingelt.

....

....

9. Du schlägst vor, dass deinen Brieffreund / deine Brieffreundin Getränke mitbringt und du einen Kuchen.

....

....

10. Du sagst deiner Freundin: „Frage deine Eltern, ob du zu mir zum Übernachten kommen kannst".

....

....

....

11. Du sprichst von einem Mitschüler und sagst, dass er müde aussieht.

....

....

....

12. Du sagst, dass es in Frankreich fantastische Käse(sorten) gibt.

....

....

....

13. Du sagst, dass die Umkleidekabinen während der Spiele geschlossen bleiben.

....

....

....

Mots en contexte

1. Du sagst, dass Bilal eine gute Nachricht hat:
Seine Mannschaft hat gewonnen!

....

....

....

2. Du sagst, dass alles mit ein bisschen Humor
einfacher ist.

....

....

....

3. Du sagst, dass man mit Freunden nie allein ist.

....

....

....

4. Du sagst, dass die Eltern ihre Kinder beaufsich-
tigen sollen.

....

....

....

5. Du sagst, dass die guten Schüler oft die Opfer
eines Grobians sind.

....

....

....

6. Du sagst, dass die schüchternen Schüler alle
vor dem Grobian Angst haben.

....

....

....

7. Du sagst, dass man einem Freund alle seine
Probleme anvertrauen kann.

....

....

....

8. Du sagst, dass ein Tagebuch ein sehr persönli-
ches Buch ist.

....

....

....

© fotolia / Christian Schwier

Au secours! [Unité 5, Volet 2]

1. Du sagst, dass der Grobian die Kleinen verhaut.

....

....

2. Du sagst zu deiner Schwester, dass sie den Kuchen nicht anrühren soll und dass er für Oma ist.

....

....

© fotolia / PhotoSG

3. Du sagst, dass dir der Mathetest Angst macht.

....

....

4. Du sagst, dass die Mutter ihren Sohn am Arm festhält.

....

....

5. Du sagst, dass der Grobian dem kleinen Mädchen weh tut.

....

6. Du sagst zu deinem Mitschüler: „Hör auf! Du machst mir Angst".

....

....

7. Du fragst ein kleines Mädchen, warum sie weint und ob sie unglücklich ist.

....

....

8. Du sagst, dass jemand ihr ihr Geld stiehlt.

....

....

9. Du sagst, dass du schüchtern bist, aber dein Freund mutig ist.

....

....

10. Du rufst „Achtung!" und sagst, dass der Hund gefährlich ist.

....

....

11. Du sagst, dass Bilal seinen Freund am Bahnhof abholt.

....

....

Mots en contexte

Dites non à la violence! [Unité 5, Volet 3]

1. Du sagst, dass jemand an die Tür geklopft hat. Du bittest dann deinen Bruder / deine Schwester aufzumachen.

....

....

....

2. Du sagst deinem Freund / deiner Freundin: „Wenn ein Freund dir etwas anvertraut, sage es niemandem."

....

....

....

3. Du fragst einen Mitschüler / eine Mitschülerin, ob er/sie die Angreifer kennt.

....

....

....

4. Du sagst, dass Laurent hingefallen und er verletzt ist.

....

....

5. Du sagst, dass die Typen das Mädchen belästigt haben, und dass man es dem Schulbetreuer melden muss.

....

....

6. Du sagst, dass du dich nicht traust, alleine in die Ferien zu fahren. Du hast zu viel Angst.

....

....

....

7. Du sagst, dass der Angreifer das Opfer bedroht.

....

....

8. Du sagst, dass die Prügelei gewaltsam gewesen ist.

....

....

9. Du sagst zu deiner Mutter: „Du kannst beruhigt sein. Ich werde heute Abend auf Manon aufpassen."

....

....

....

10. Du sagst zu Jérôme: „Lass deine Schwester in Ruhe. Sie hat viel Arbeit."

....

....

11. Du sagst, dass Zoé Lisa eine SMS schreibt.

....

....

1. Du sagst, dass die Einwohner von Paris Pariser heißen.

....

....

2. Du sagst, dass die Landschaften in der Camargue großartig sind.

....

....

3. Du sagst, dass es in Paris viele berühmte Bauwerke gibt.

....

....

4. Du sagst, dass das römische Bauwerk wunderschön ist.

....

....

5. Du sagst, dass das Bauwerk aus dem Mittelalter ist und dass es 1234 erbaut wurde.

....

....

6. Du sagst, dass in der römischen Zeit die Leute in die Arena gehen um Gladiatoren zu sehen.

....

....

7. Du sagst, dass drei tausend Personen zum Festival gekommen sind.

....

....

8. Du sagst, dass Marie die gleiche Kleidung trägt wie du: eine Jeans und einen grünen Pulli.

....

....

9. Du sagst, dass die Straßenfeste von Nîmes schon lange existieren.

....

....

10. Du sagst, dass die Einwohner hinter den Stadtmauern ihre Ruhe haben.

....

© fotolia / Freesurf

11. Du fragst, wie viele Kilometer es zwischen Montpellier und Paris sind.

....

....

12. Du sagst: „Wenn es schön ist, gehen die Leute in den Parks spazieren."

....

....

Mots en contexte

13. Du fragst deinen Freund / deine Freundin, ob er/sie sich gut amüsiert.

....

....

14. Du schlägst deinem Freund / deiner Freundin vor, dass ihr euch bei ihm/ihr trefft.

....

....

La légende du marchand de cages [Unité 6, Volet 2]

1. Du fragst deinen Freund / deine Freundin, ob er/sie einen Obsthändler in dem Viertel kennt.

....

....

2. Du fragst ihn/sie, ob er/sie sich an die Ferien in Belgien erinnert.

....

....

3. Du sagst, dass der Film zur römischen Zeit spielt.

....

....

4. Du sagst, dass deine Tante Ariane heißt.

....

....

5. Du sagst, dass sich der Wellensittich auf der Mauer niederlässt.

....

....

6. Du sagst, dass der Angreifer das ganze Geld gestohlen hat und dann verschwunden ist.

....

....

7. Du sagst, dass alle Gäste zufrieden sind. Die Feier ist super.

....

....

8. Du sagst, dass die Musikerin Klavier spielt.

....

....

9. Du sagst, dass der Bräutigam unglücklich ist.

....

....

10. Du sagst, dass die Braut nicht gekommen ist.

....

....

11. Du sagst, dass du einen Apfel gegen eine
    Banane tauschst.

    ....

    ....

    ....

12. Du sagst, dass dein Bruder wütend ist.

    ....

    ....

    ....

13. Du sagst, dass jemand grüne Augen hat.

    ....

    ....

    ....

14. Du sagst, dass dich die Ausstellung über
    Montpellier interessiert und dass du morgen
    hingehst.

    ....

    ....

    ....

15. Du sagst, dass der Bräutigam glücklich ist.

    ....

    ....

    ....

16. Du sagst deiner Freundin: „Vertraue Sylvie
    deine Probleme nicht an. Sie ist fähig, sie allen
    zu erzählen.“

    ....

    ....

    ....

Platz für deine Notizen und eigene Eselsbrücken

Platz für deine Notizen und eigene Eselsbrücken

Platz für deine Notizen und eigene Eselsbrücken